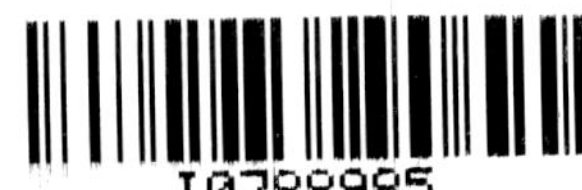
I0788985

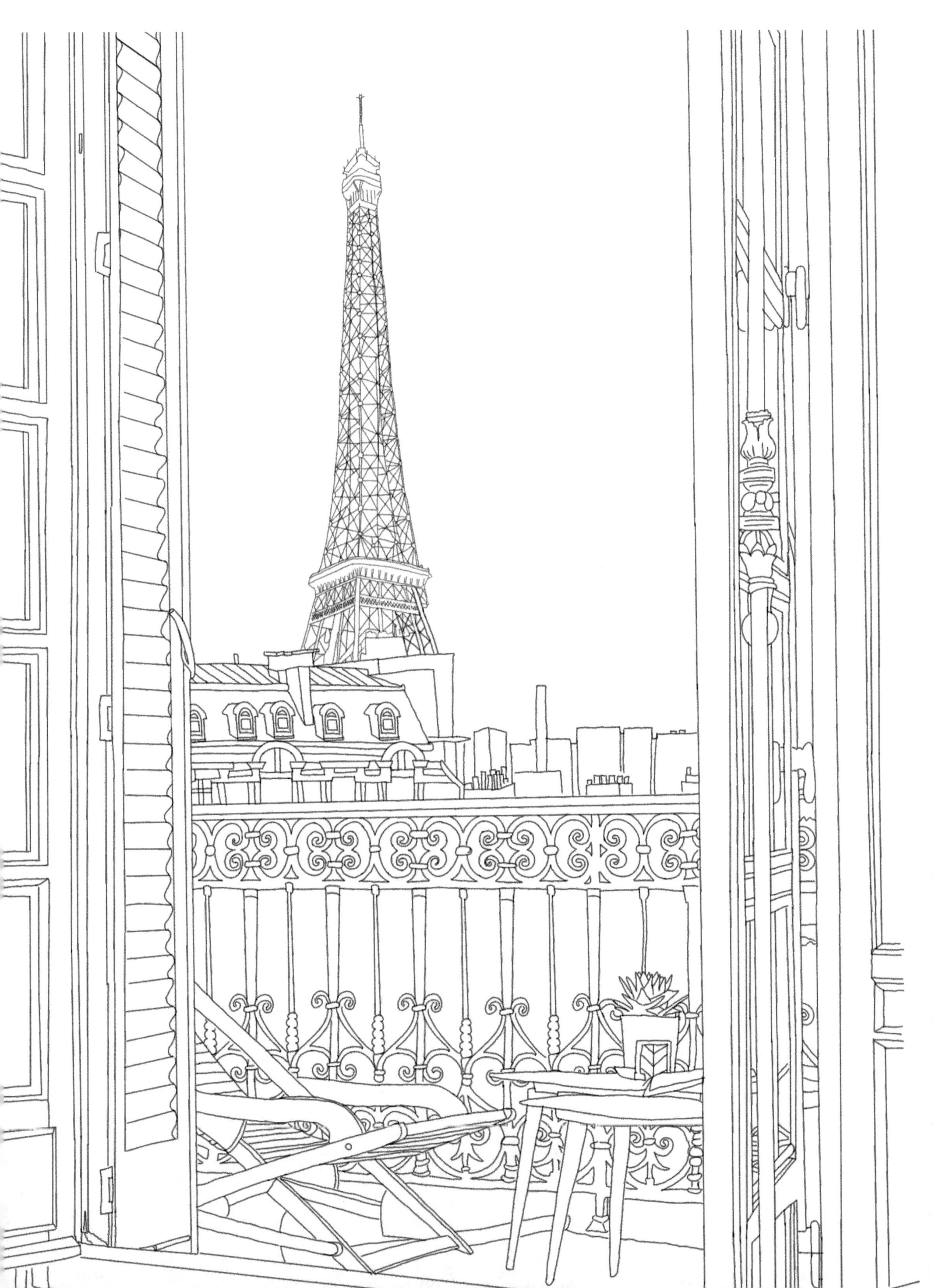

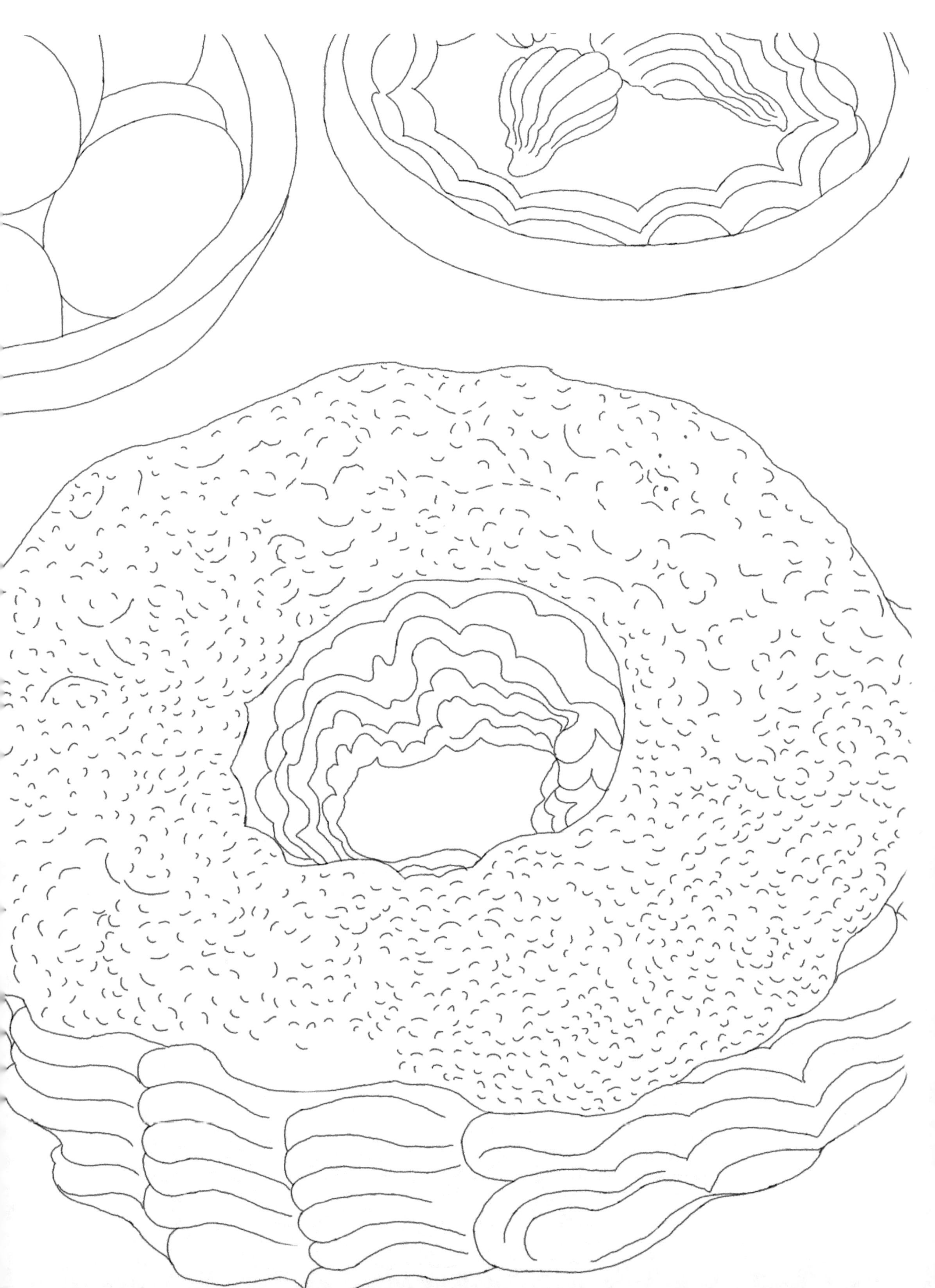

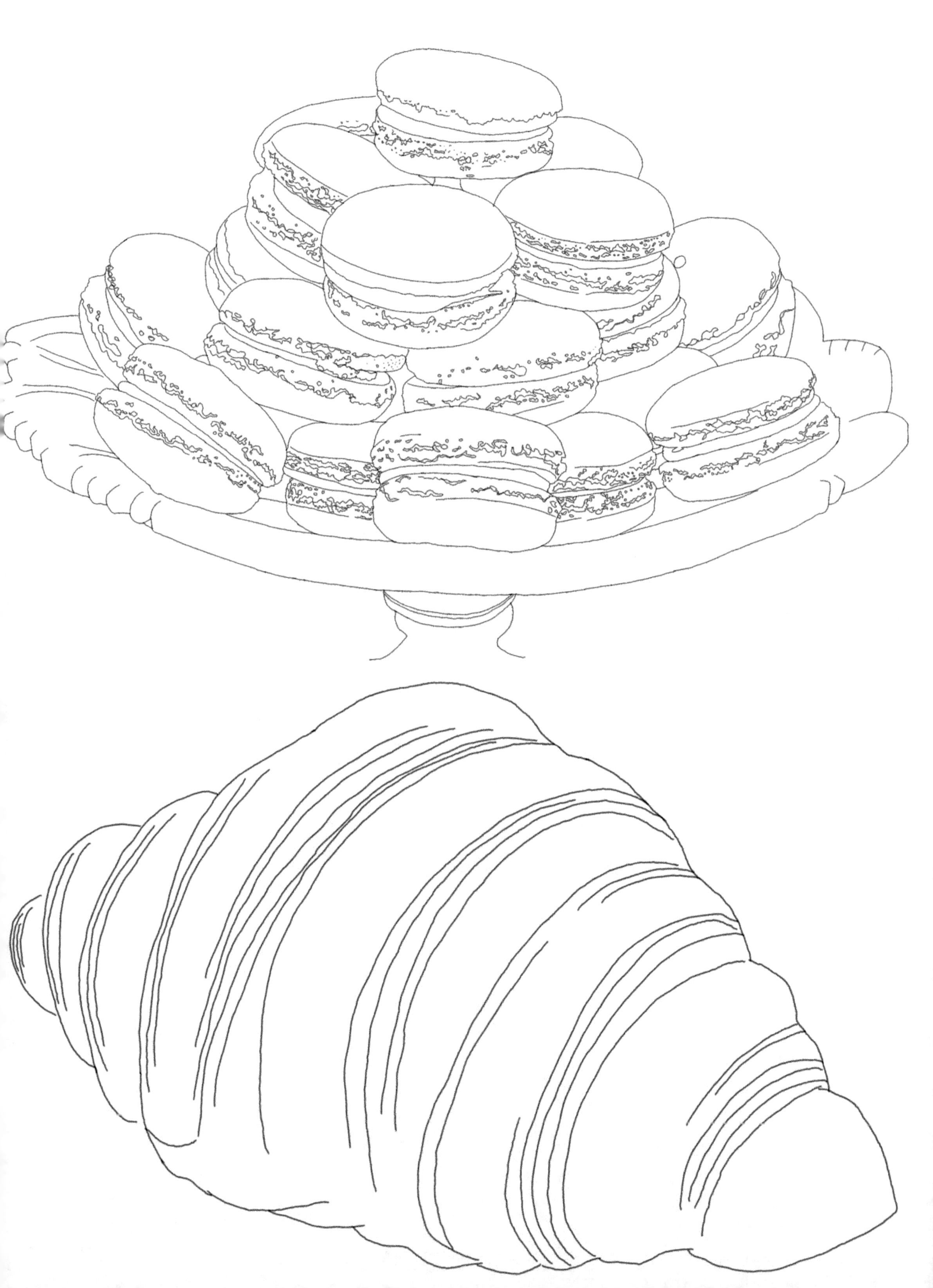

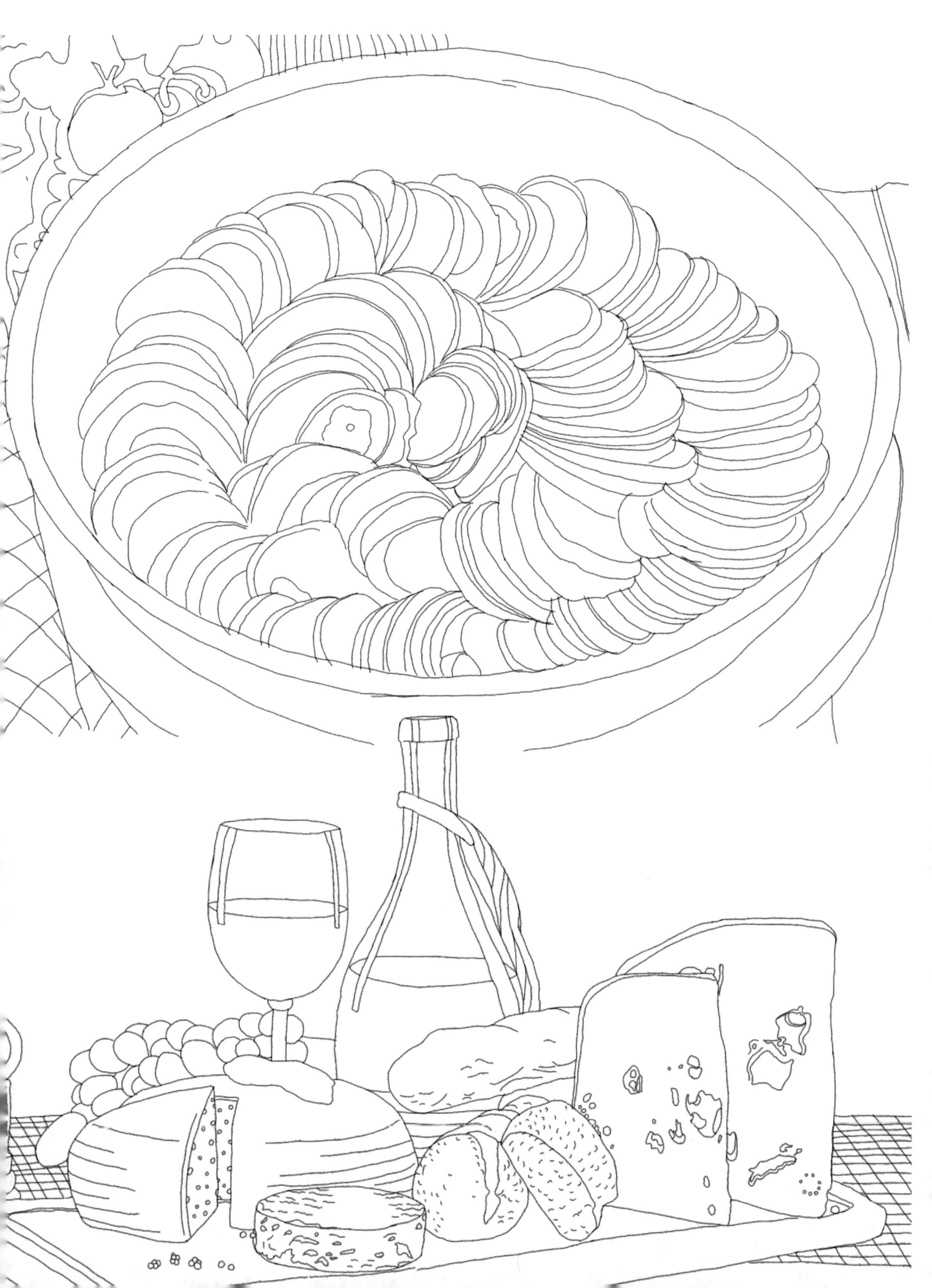

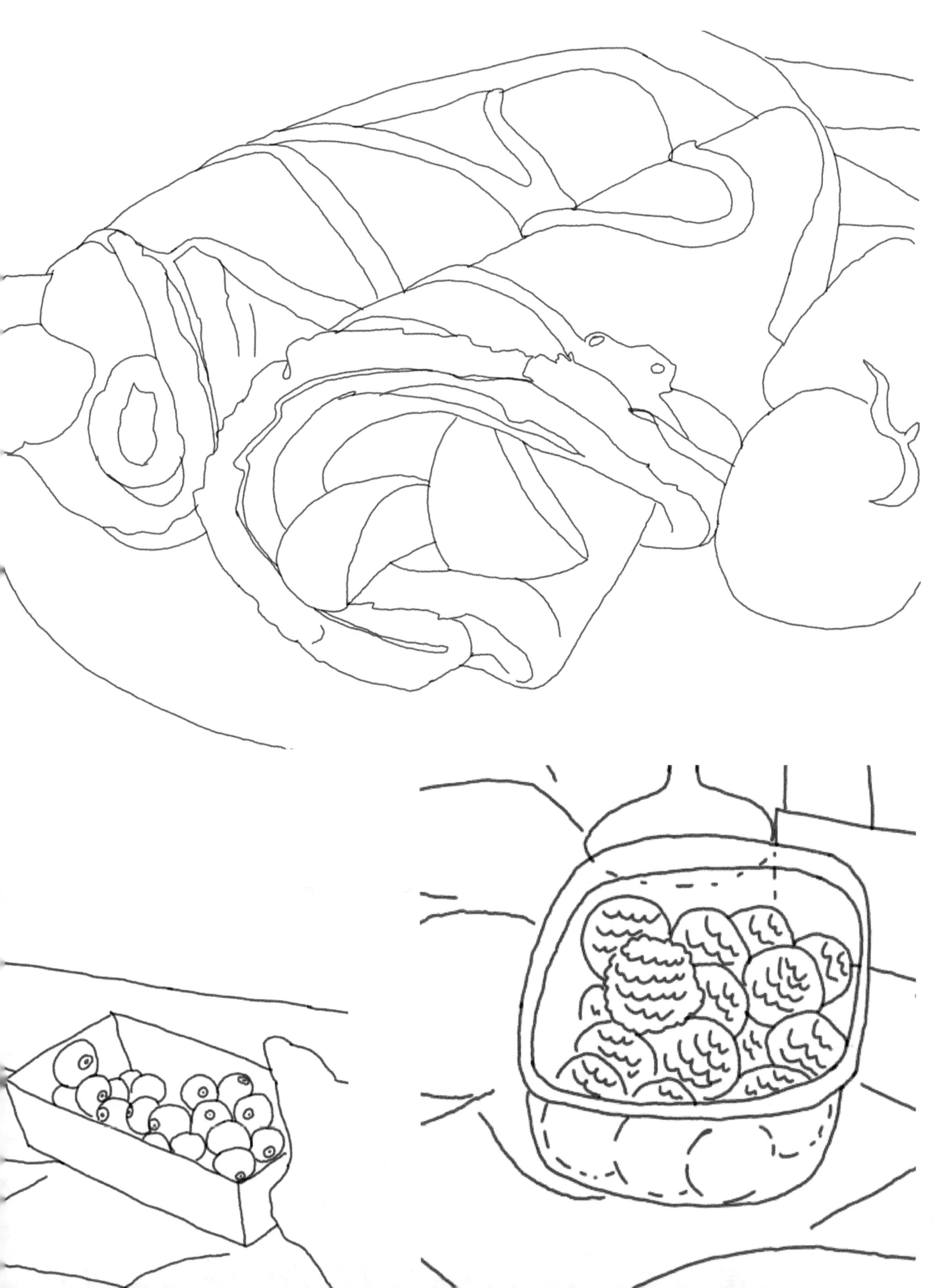

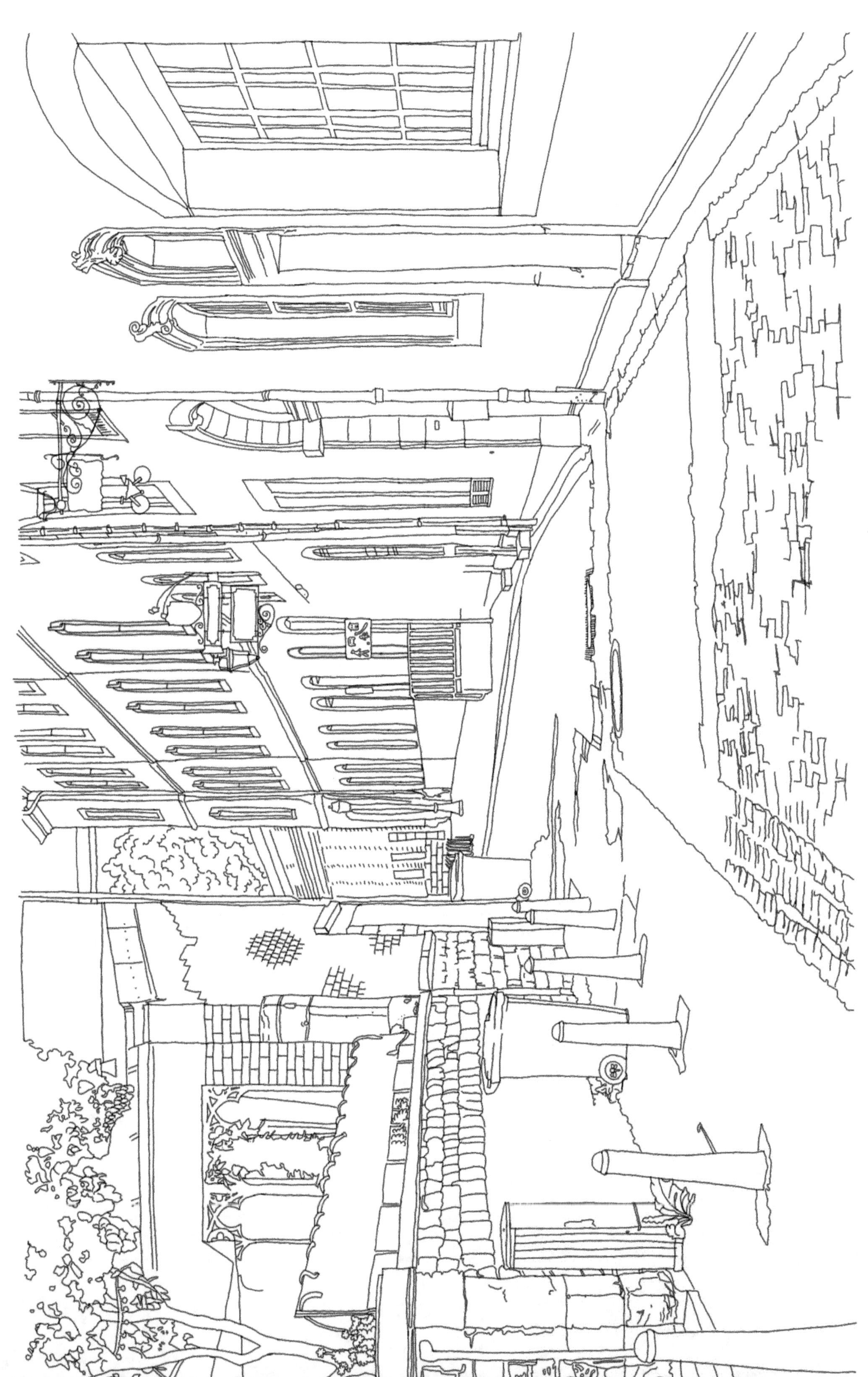

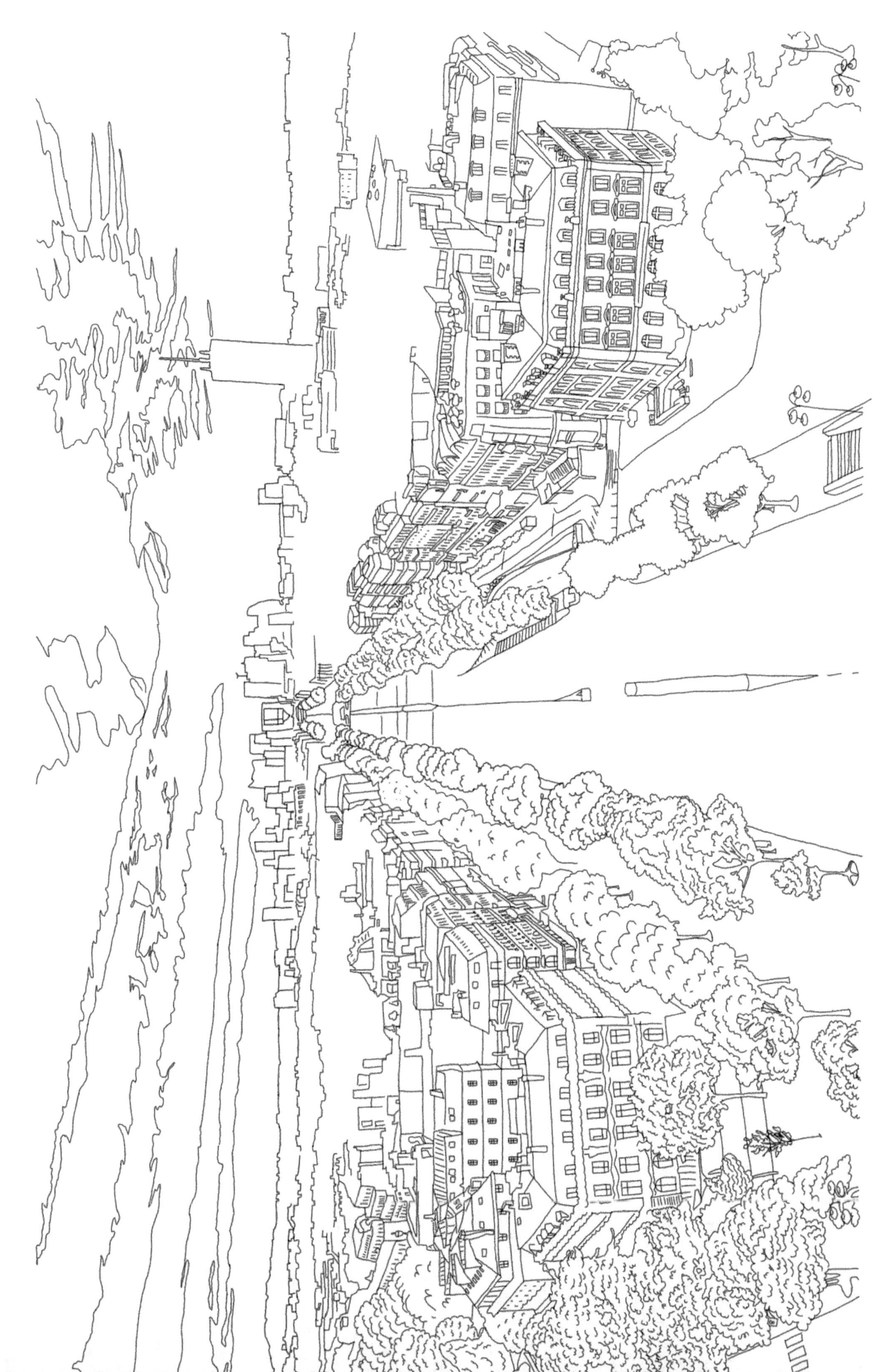

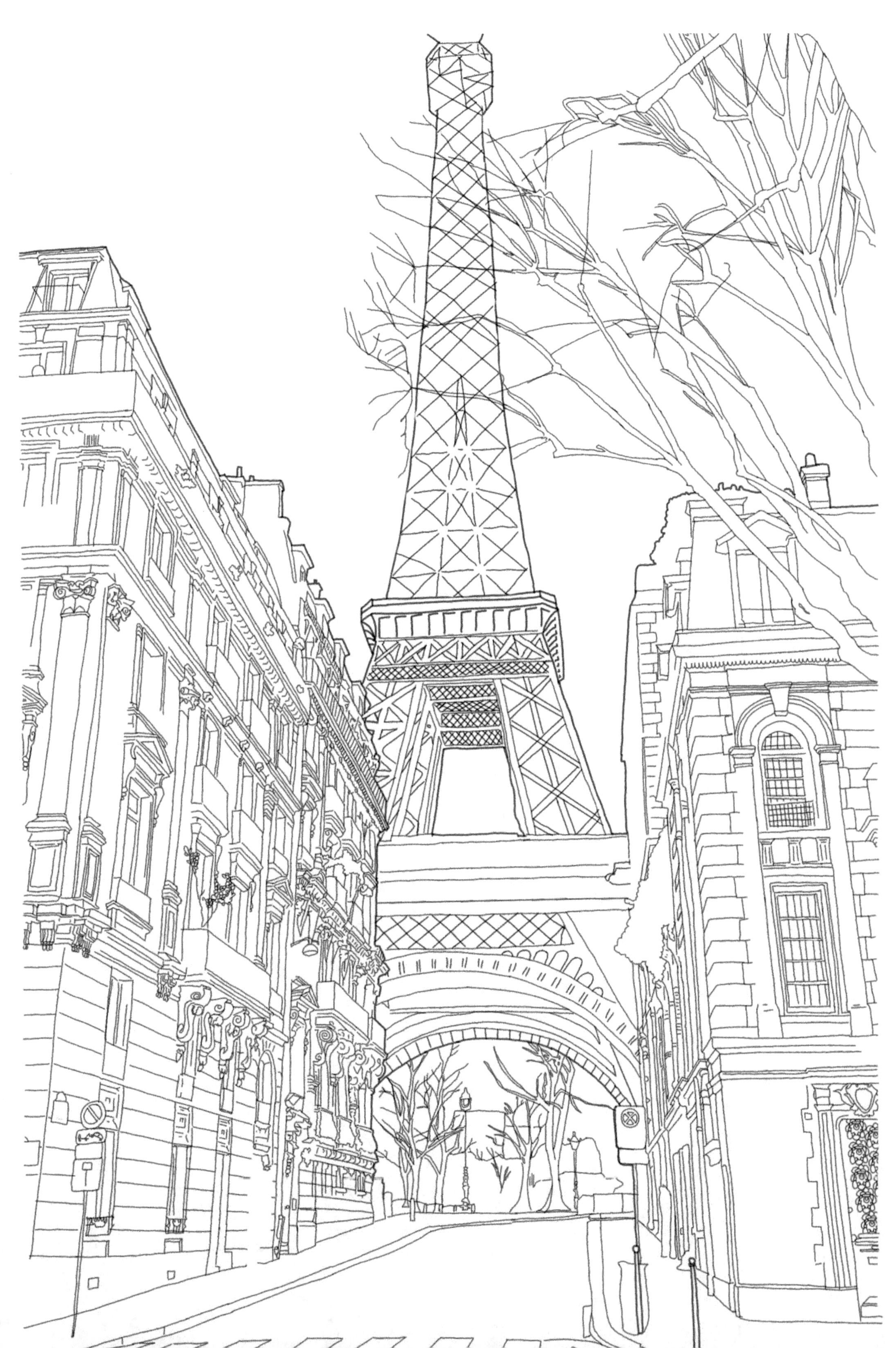

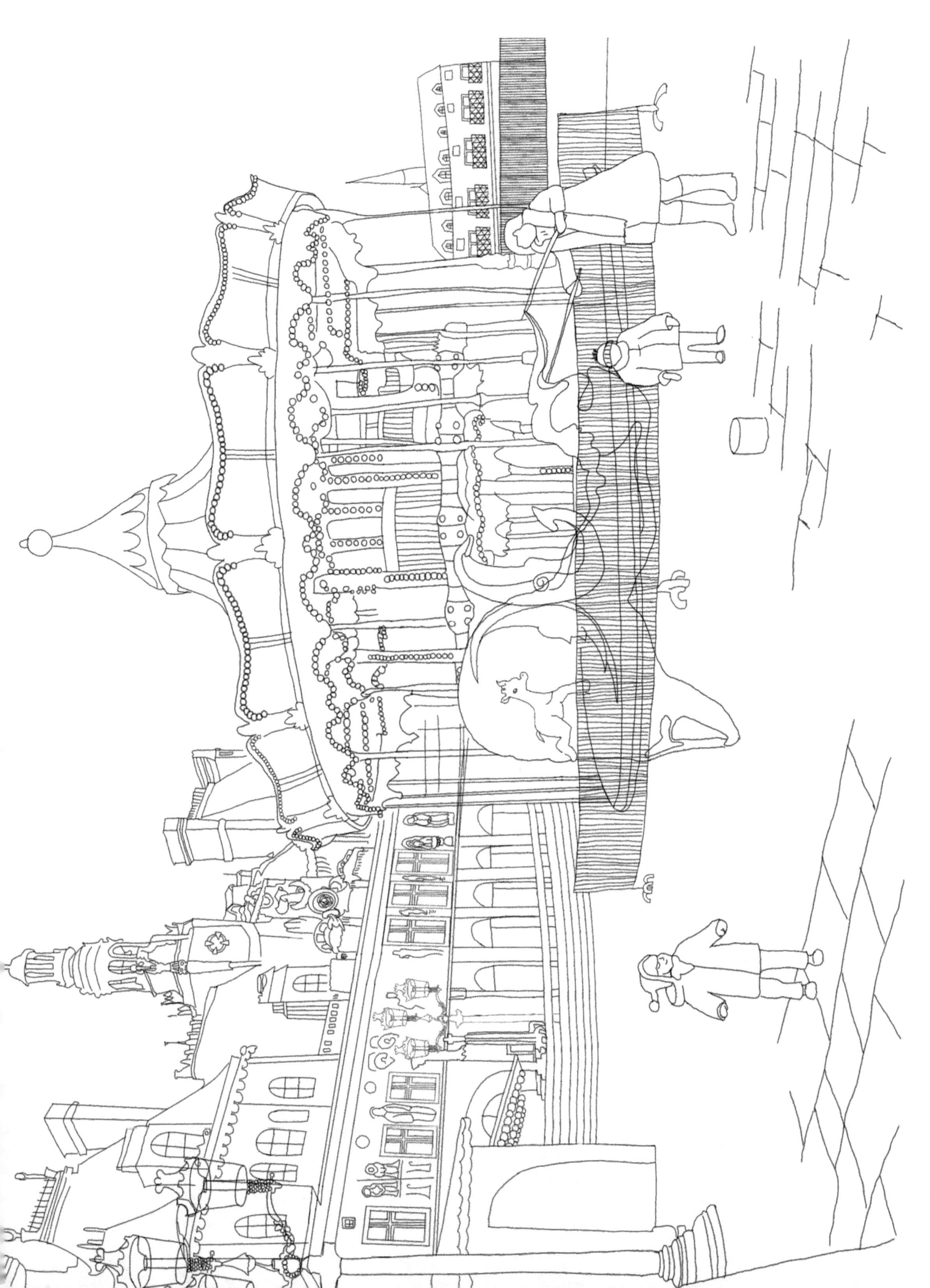

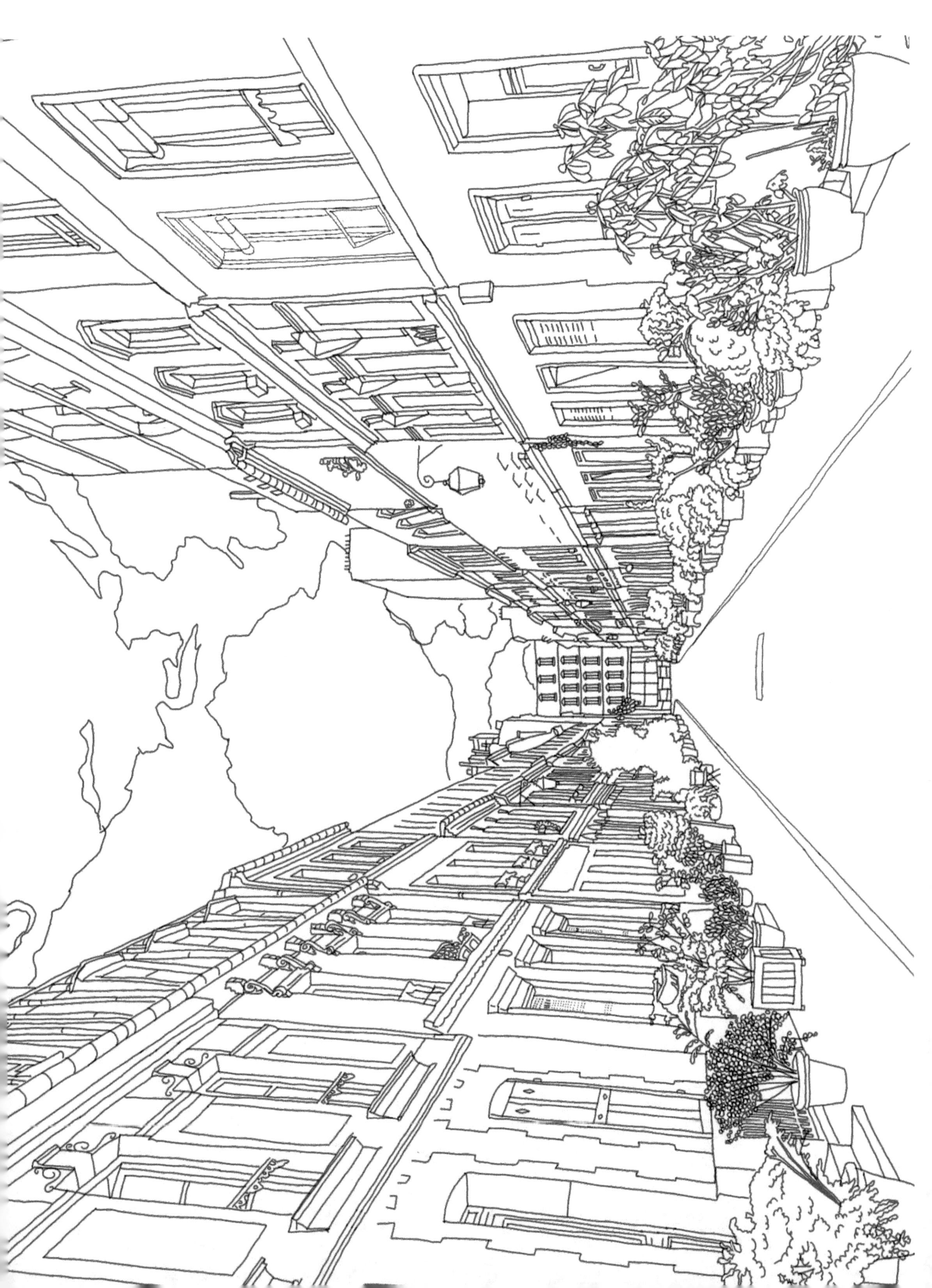

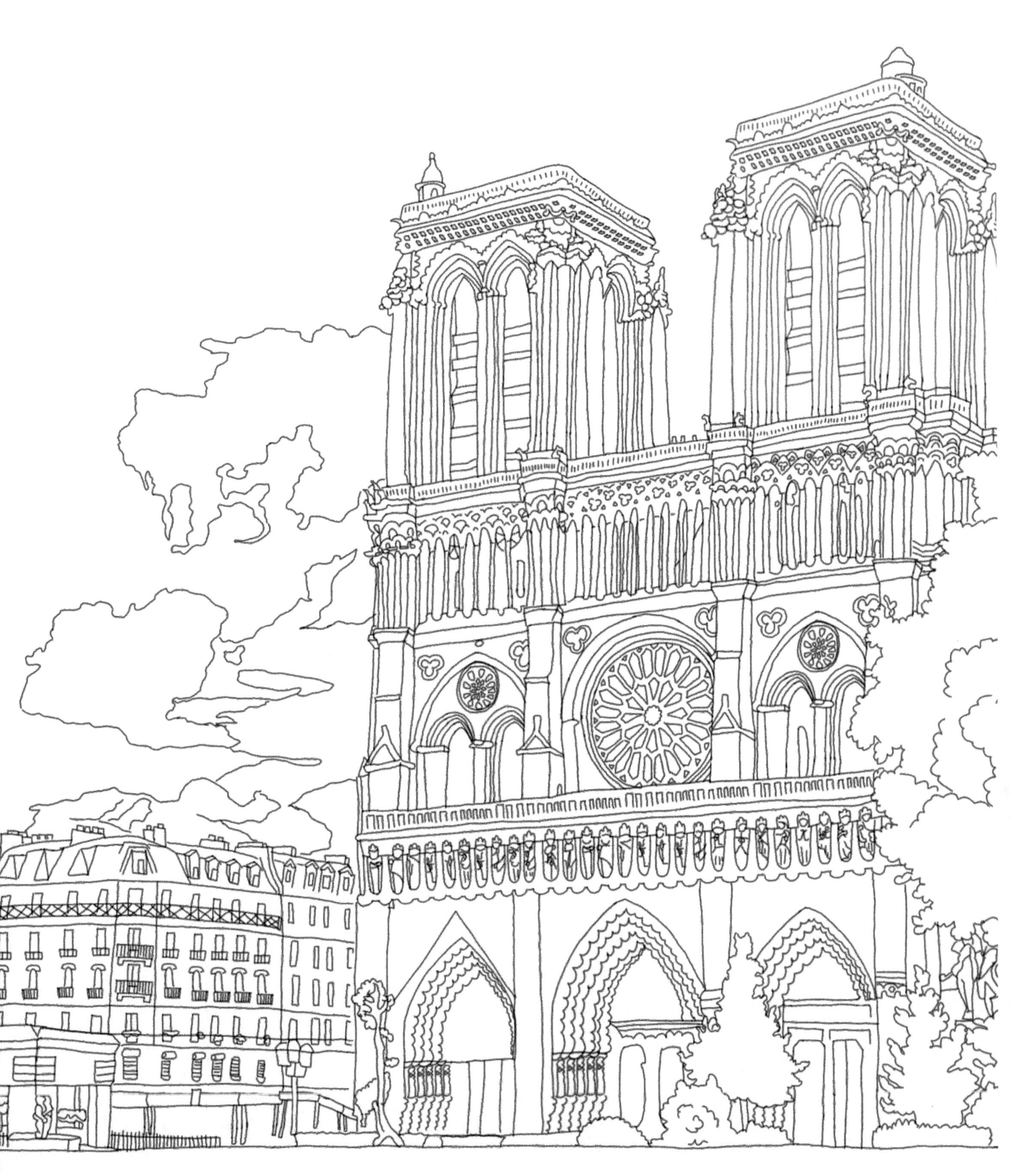

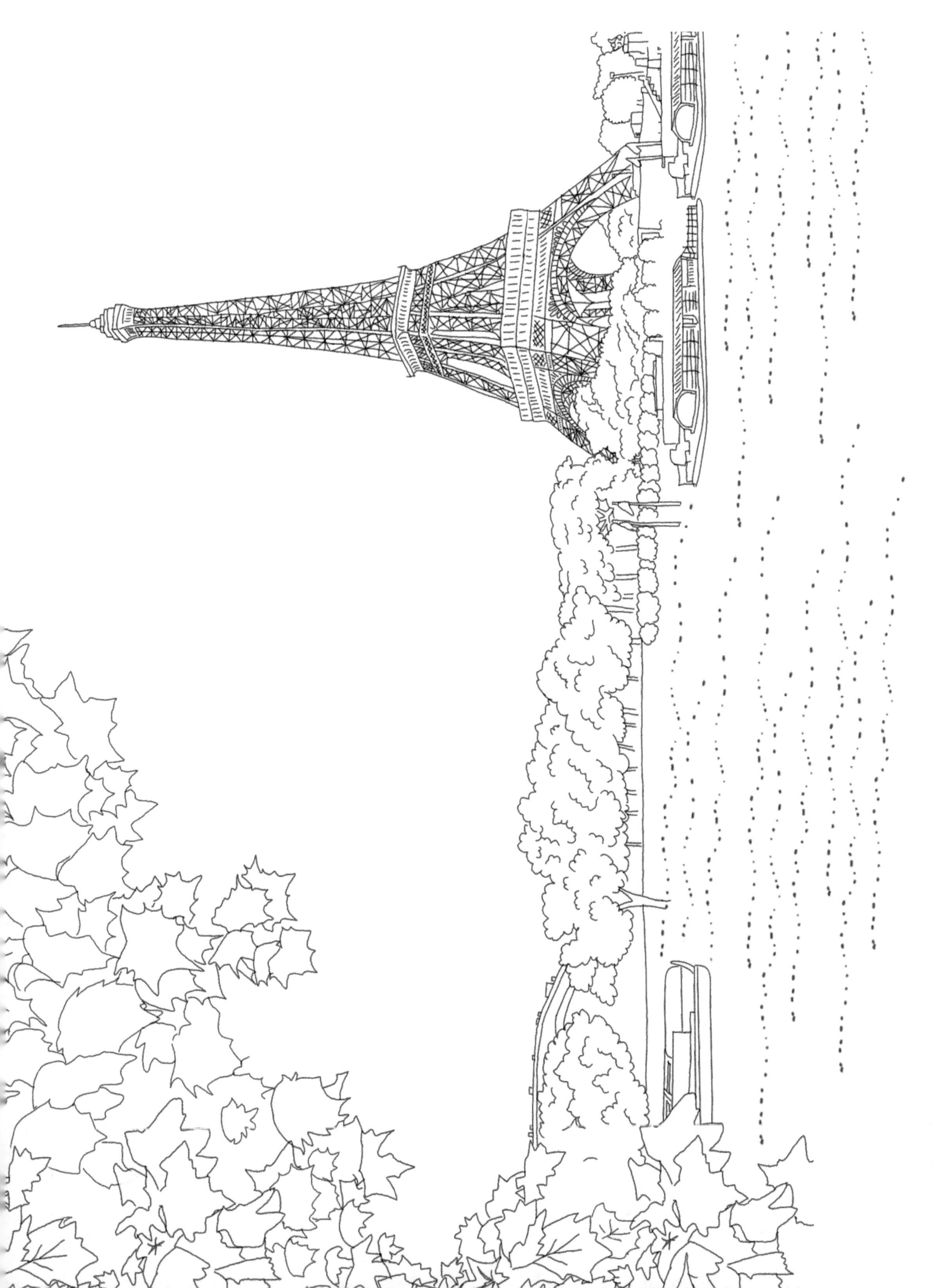

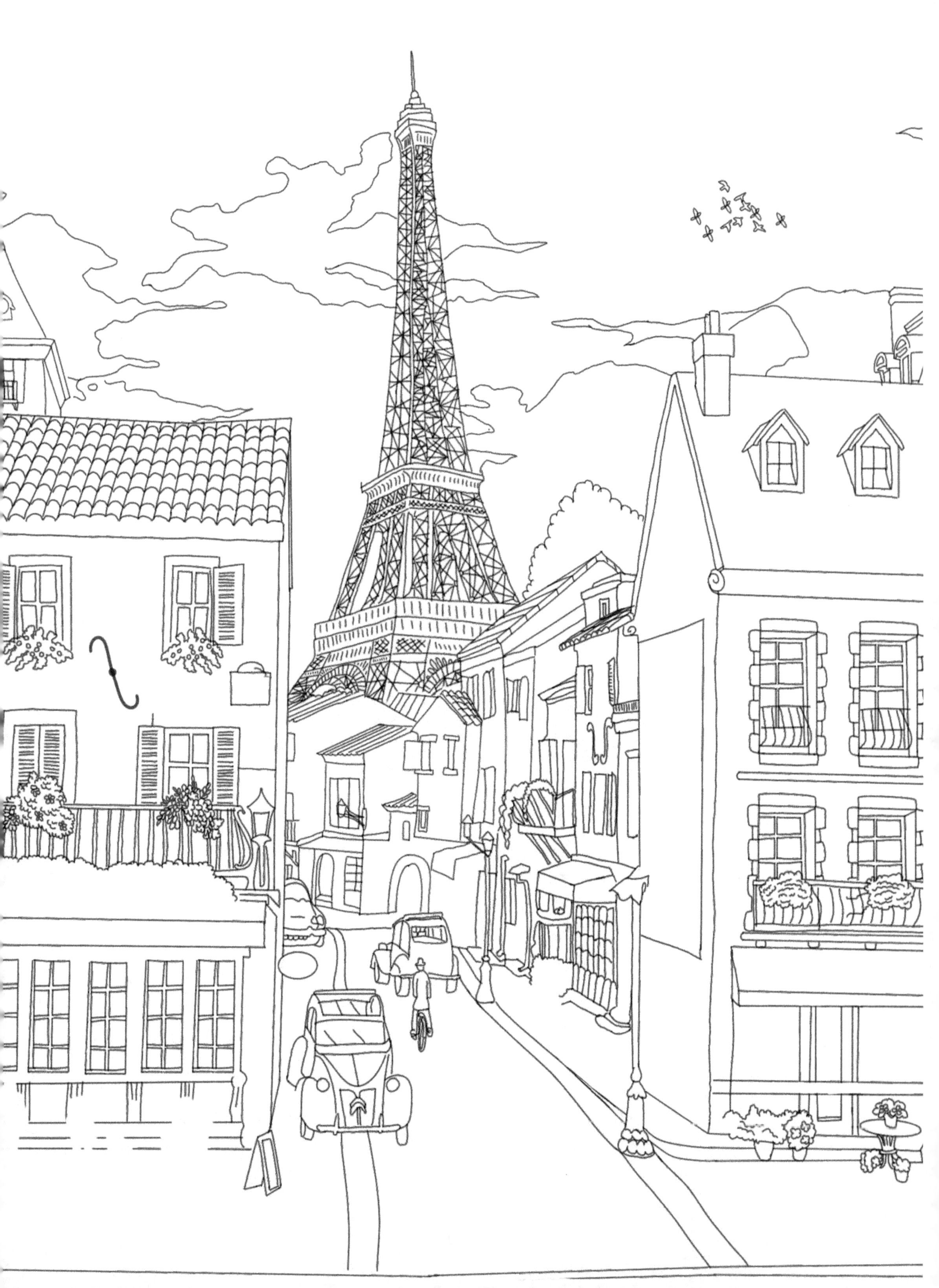

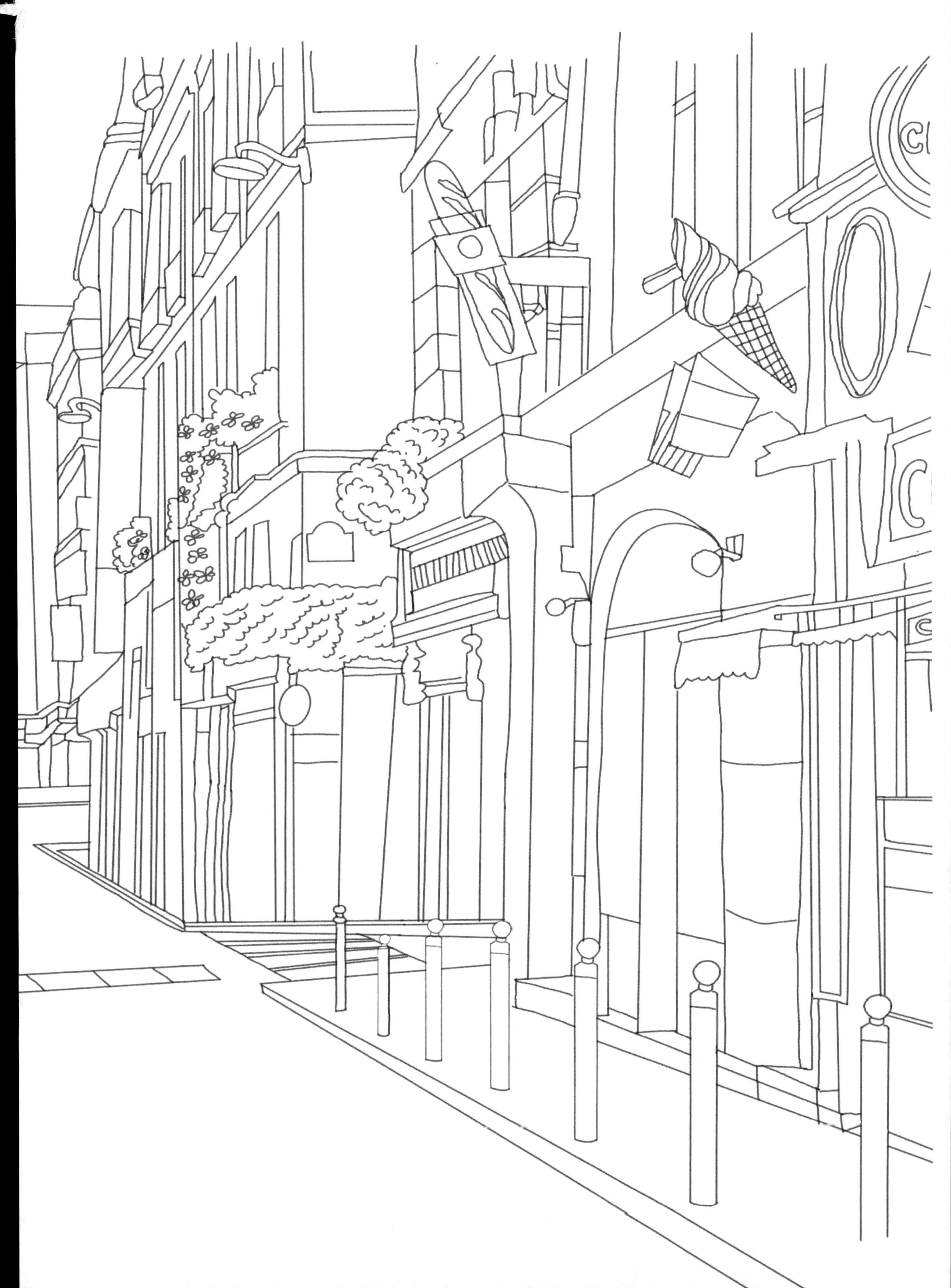

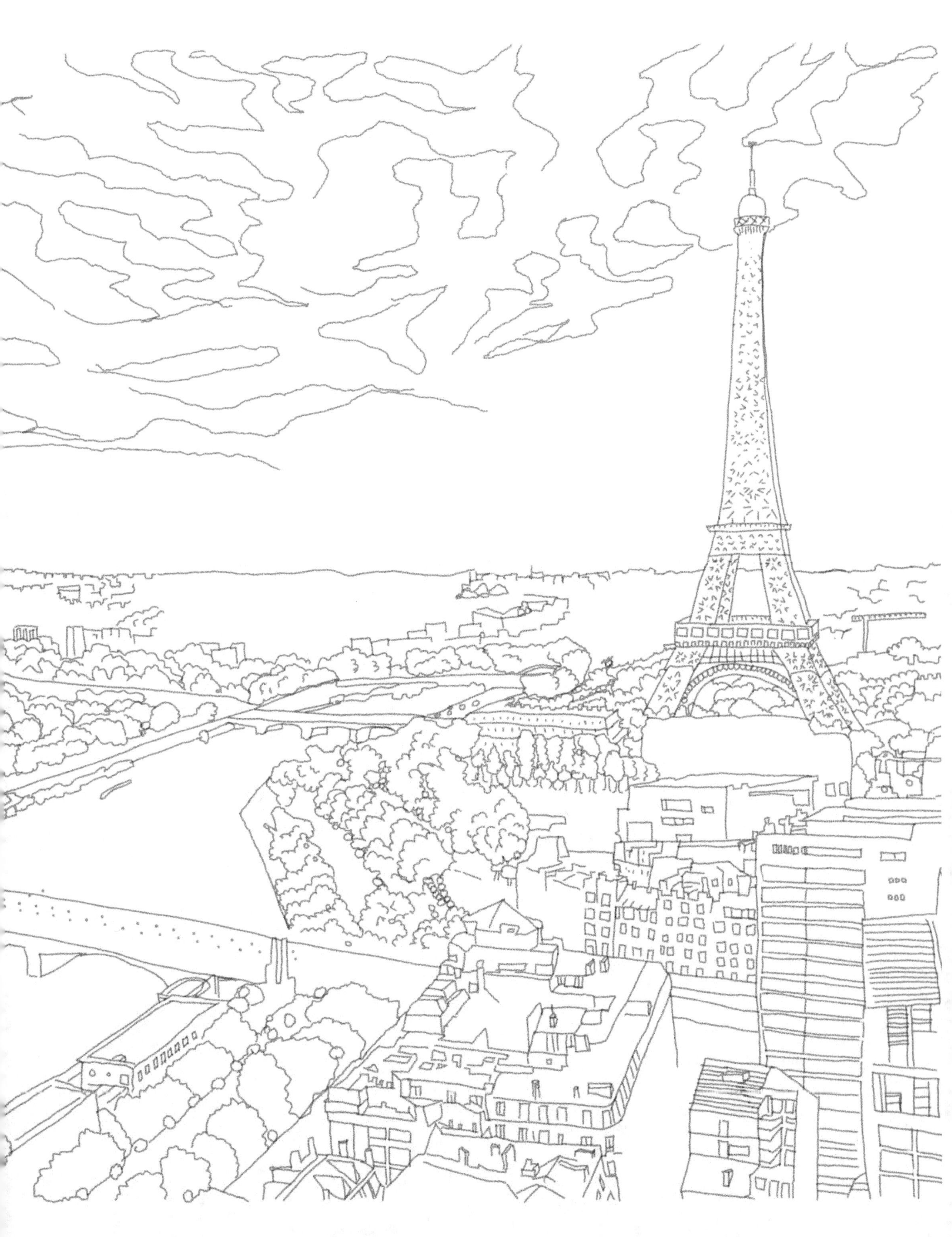

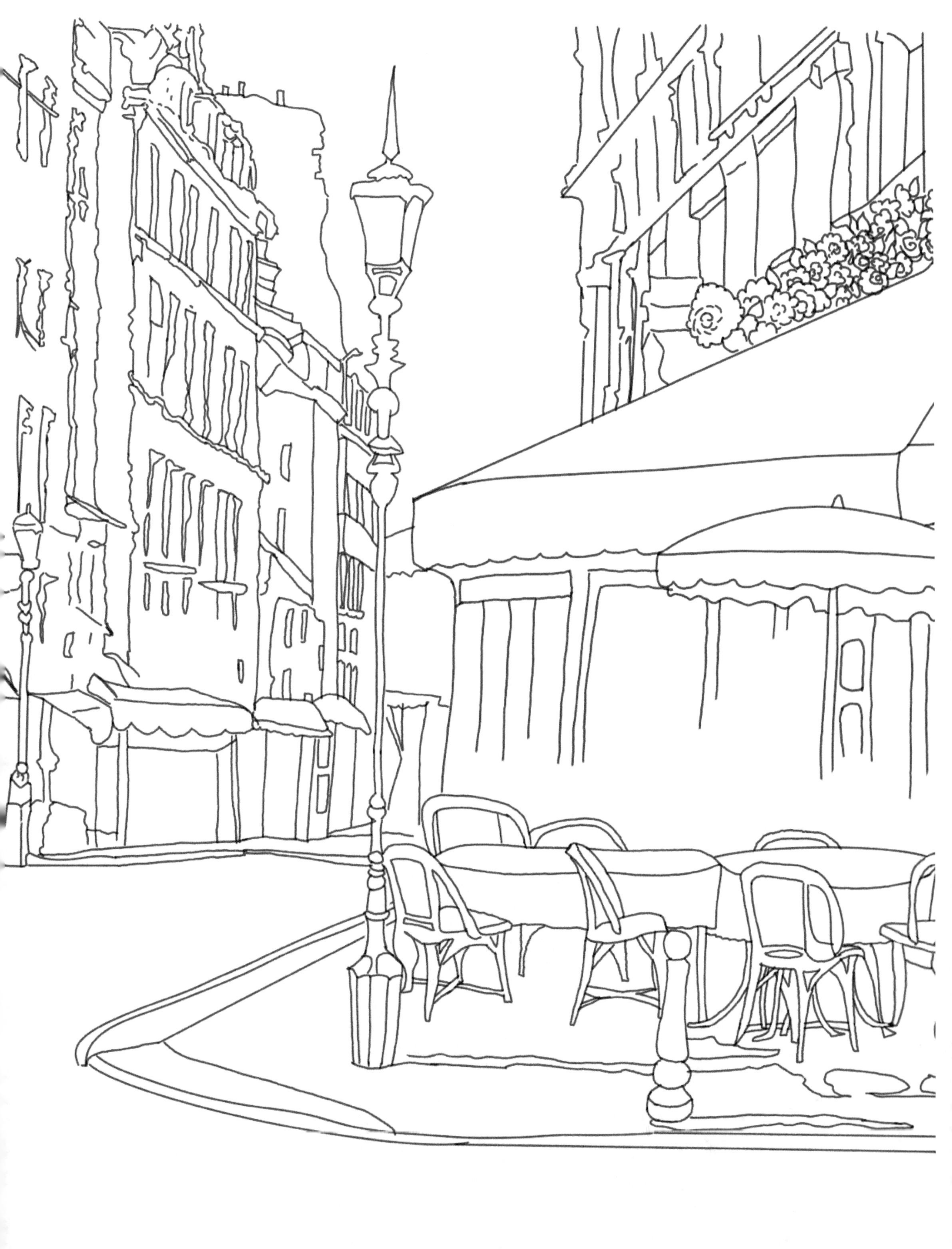

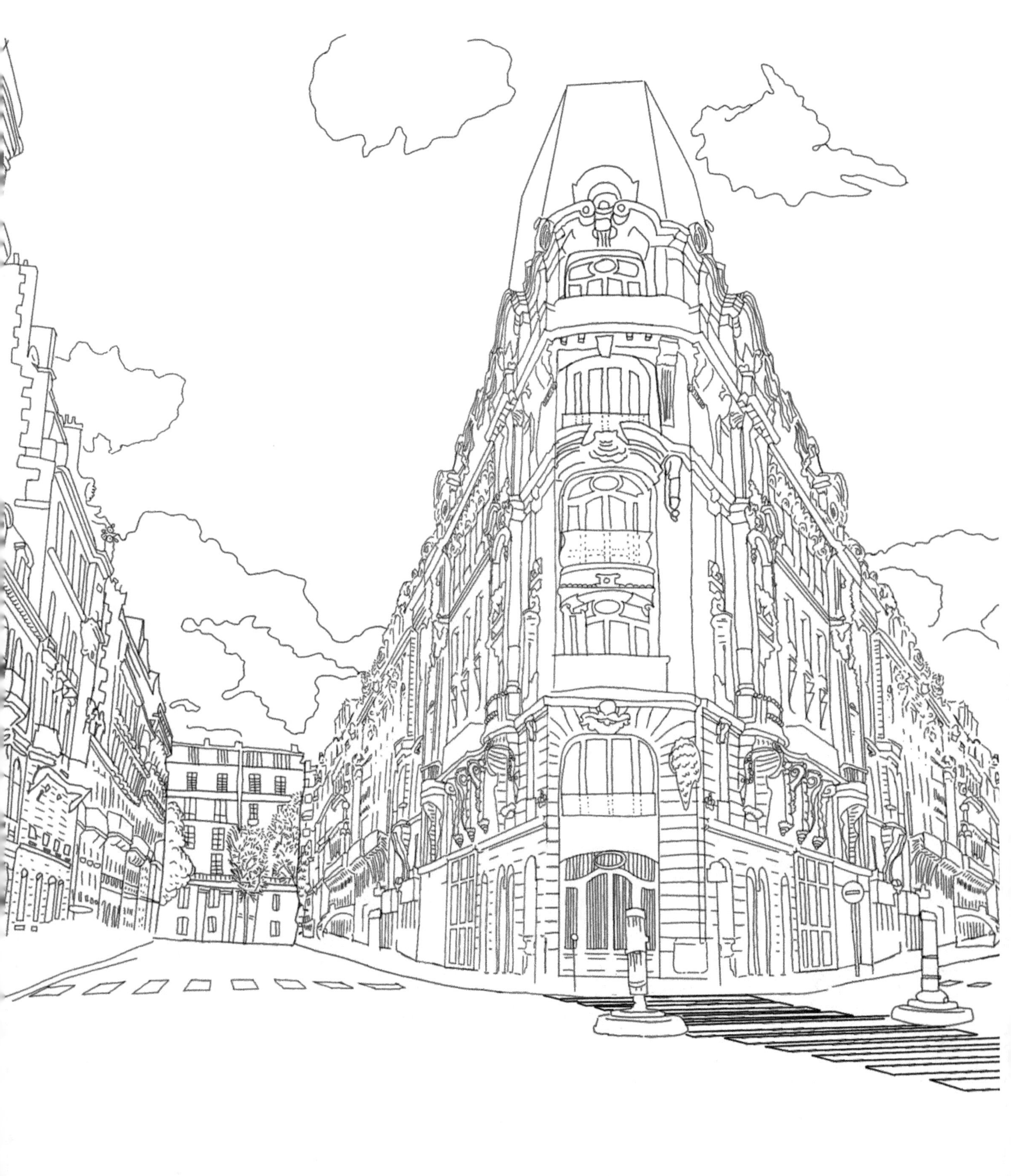

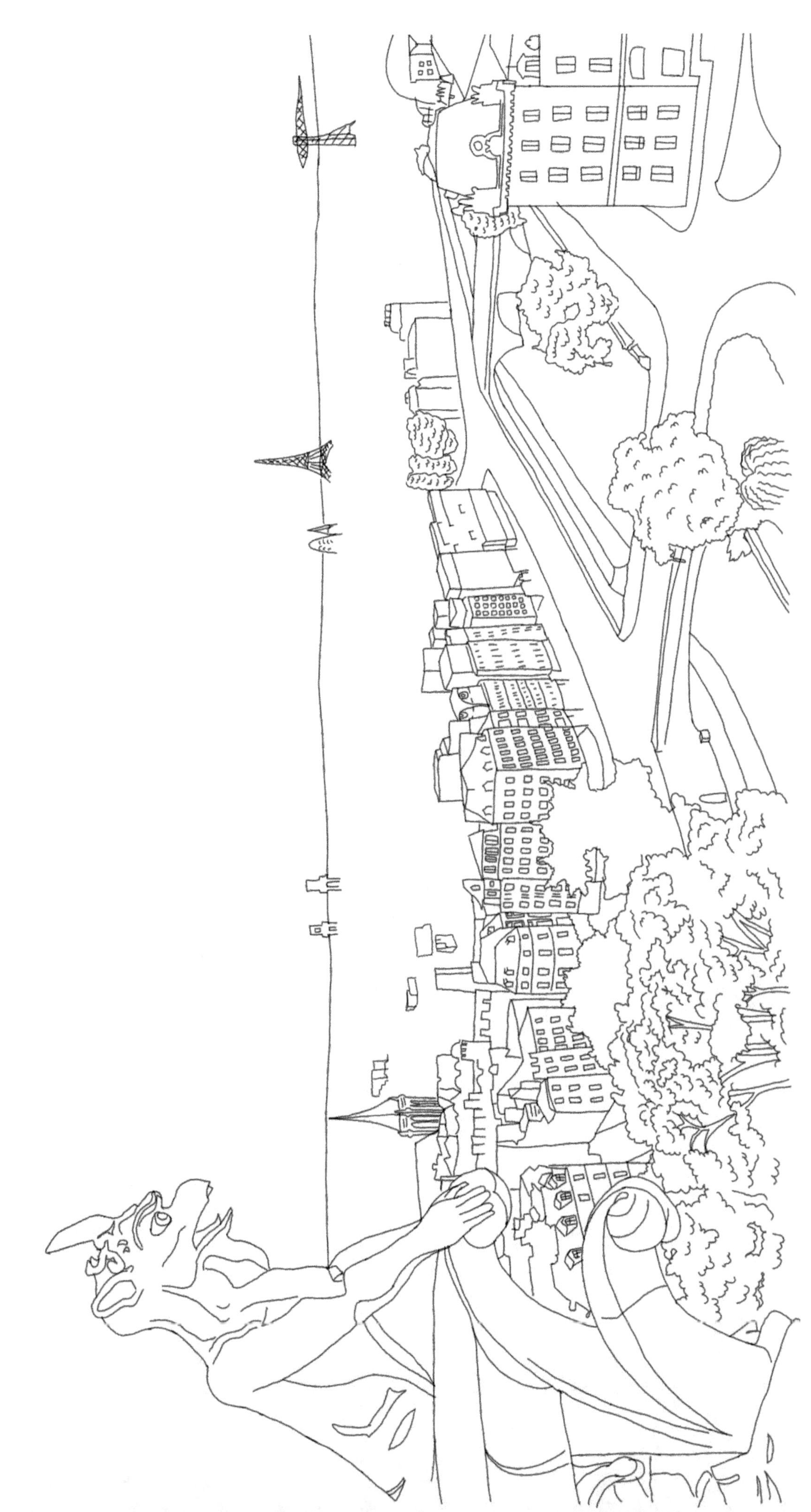

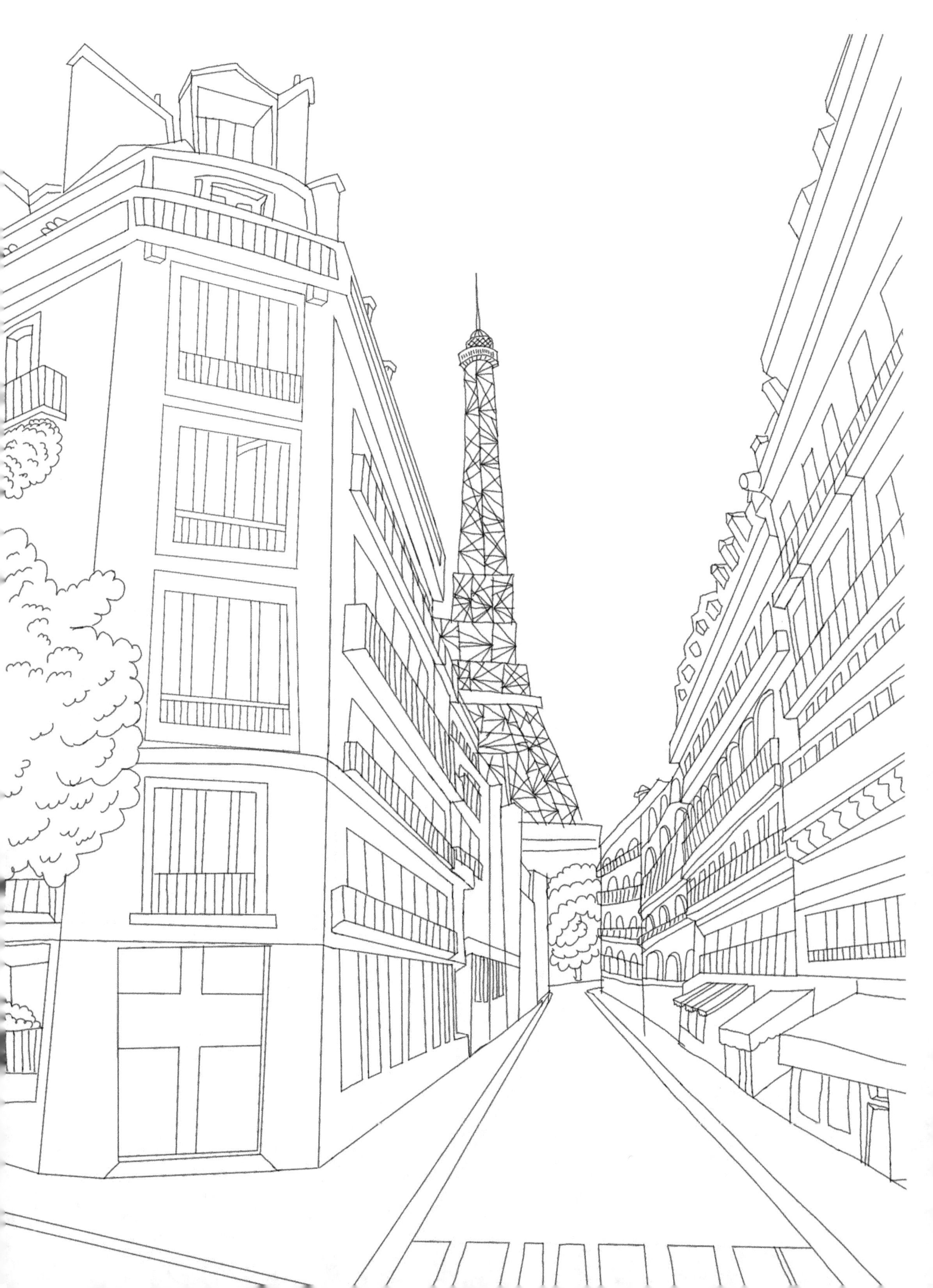

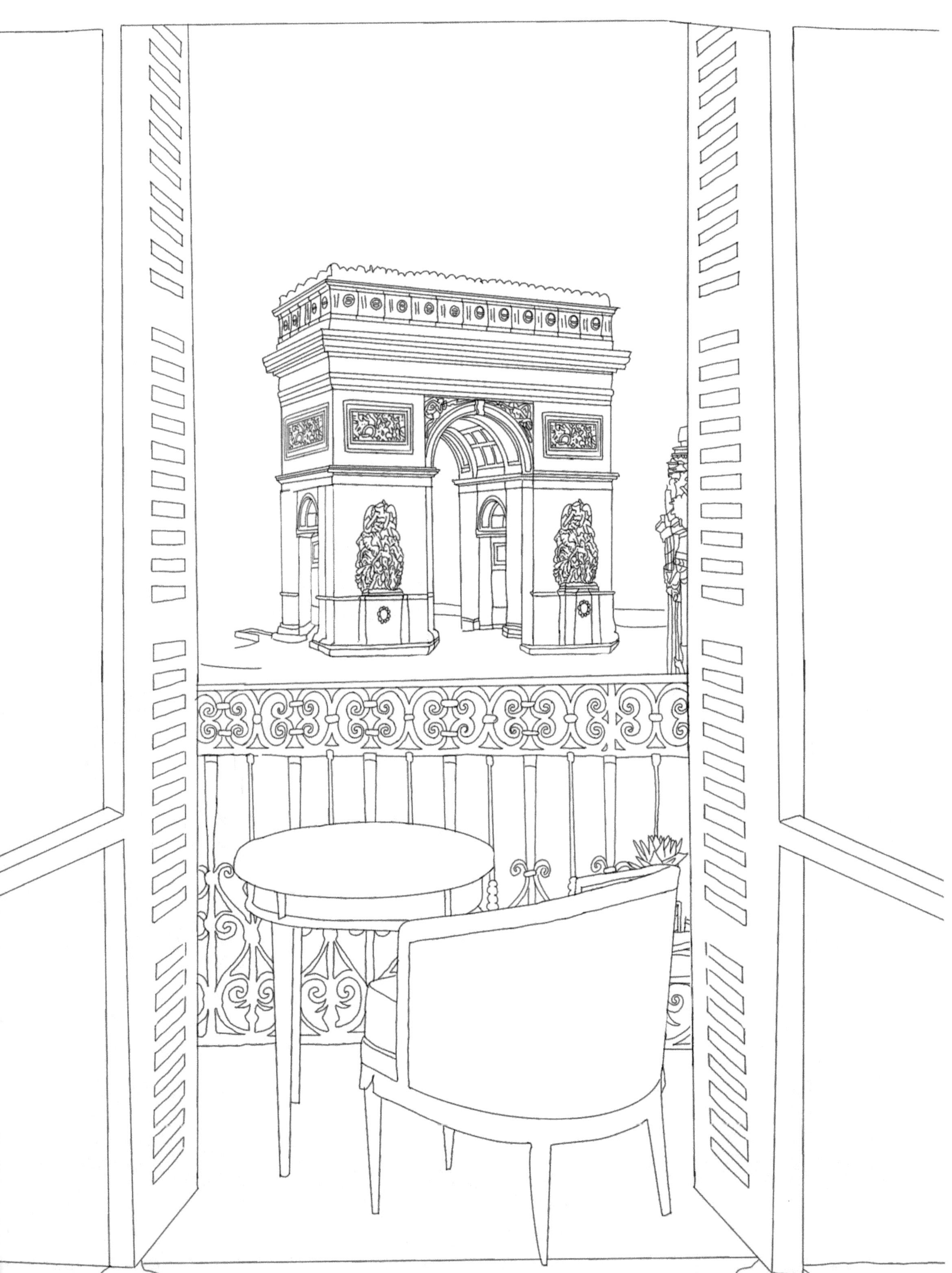

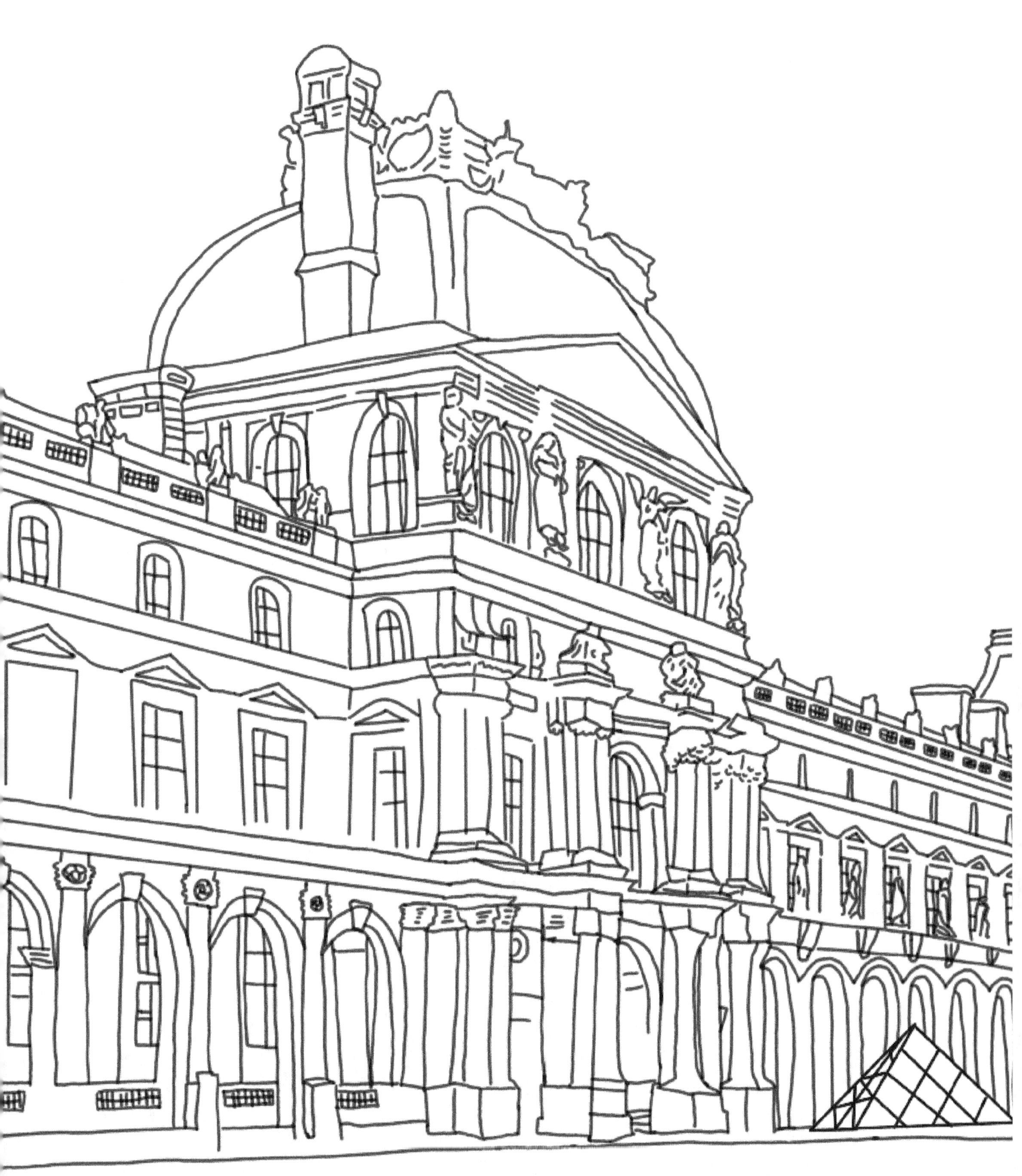

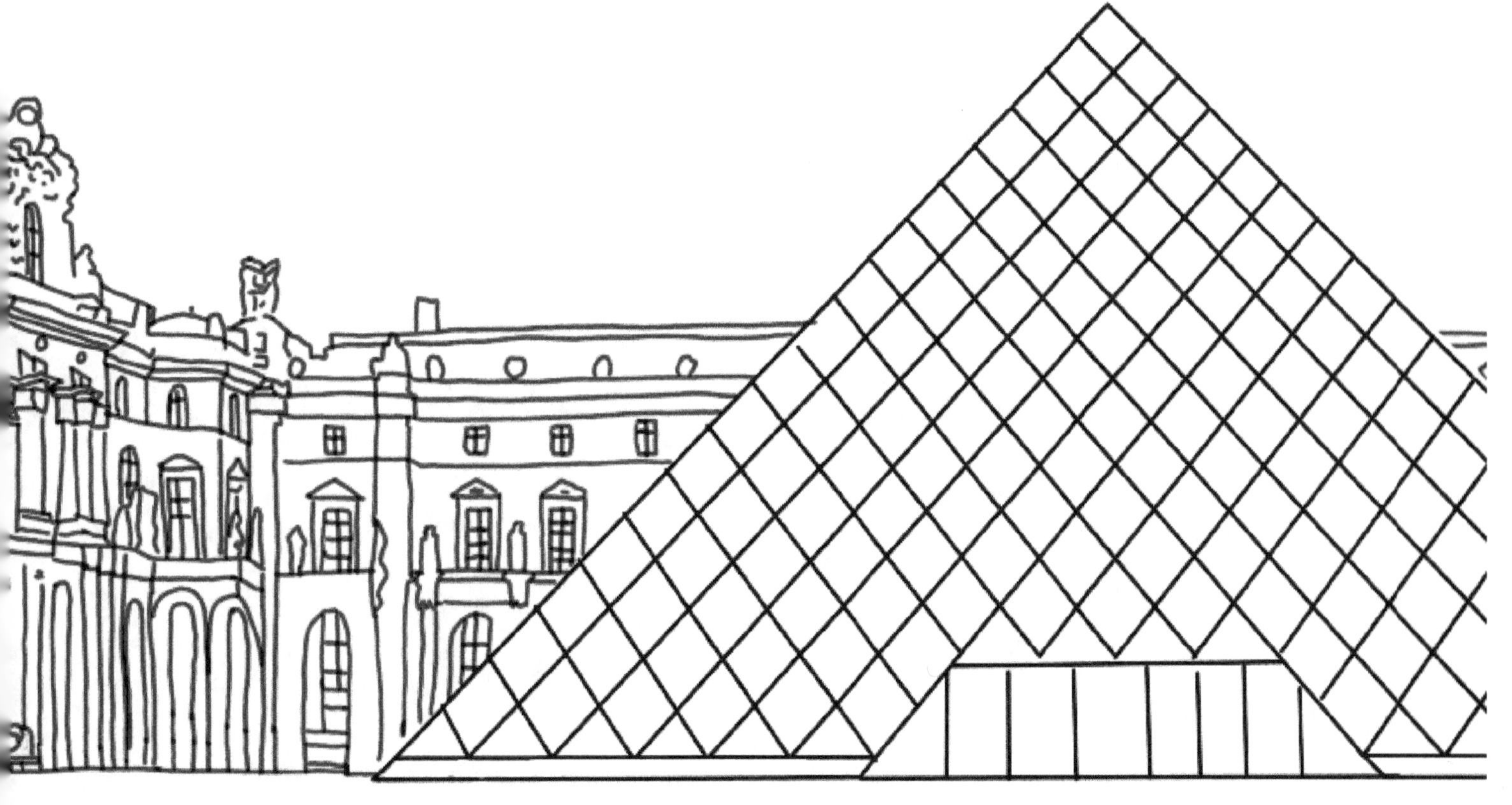

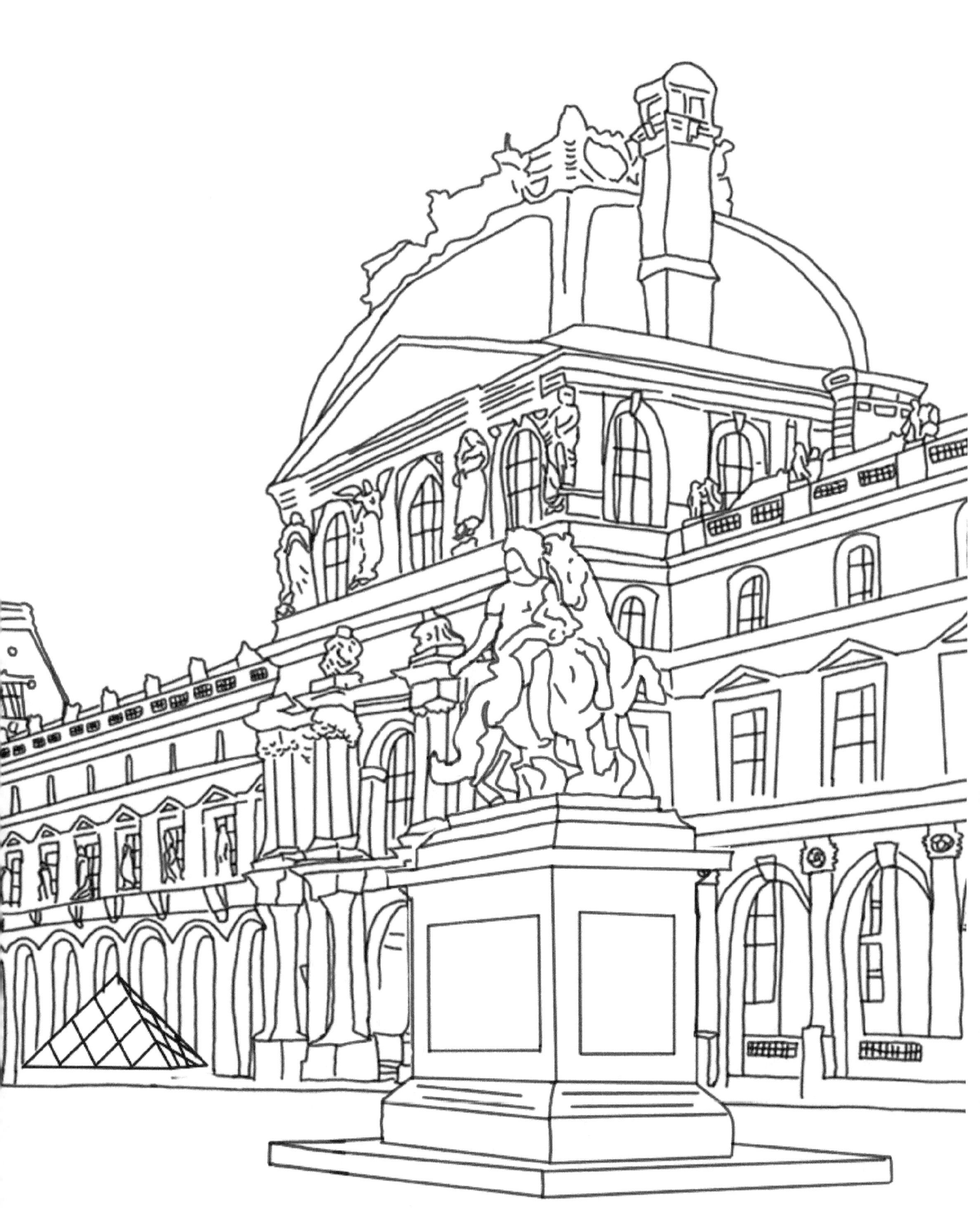

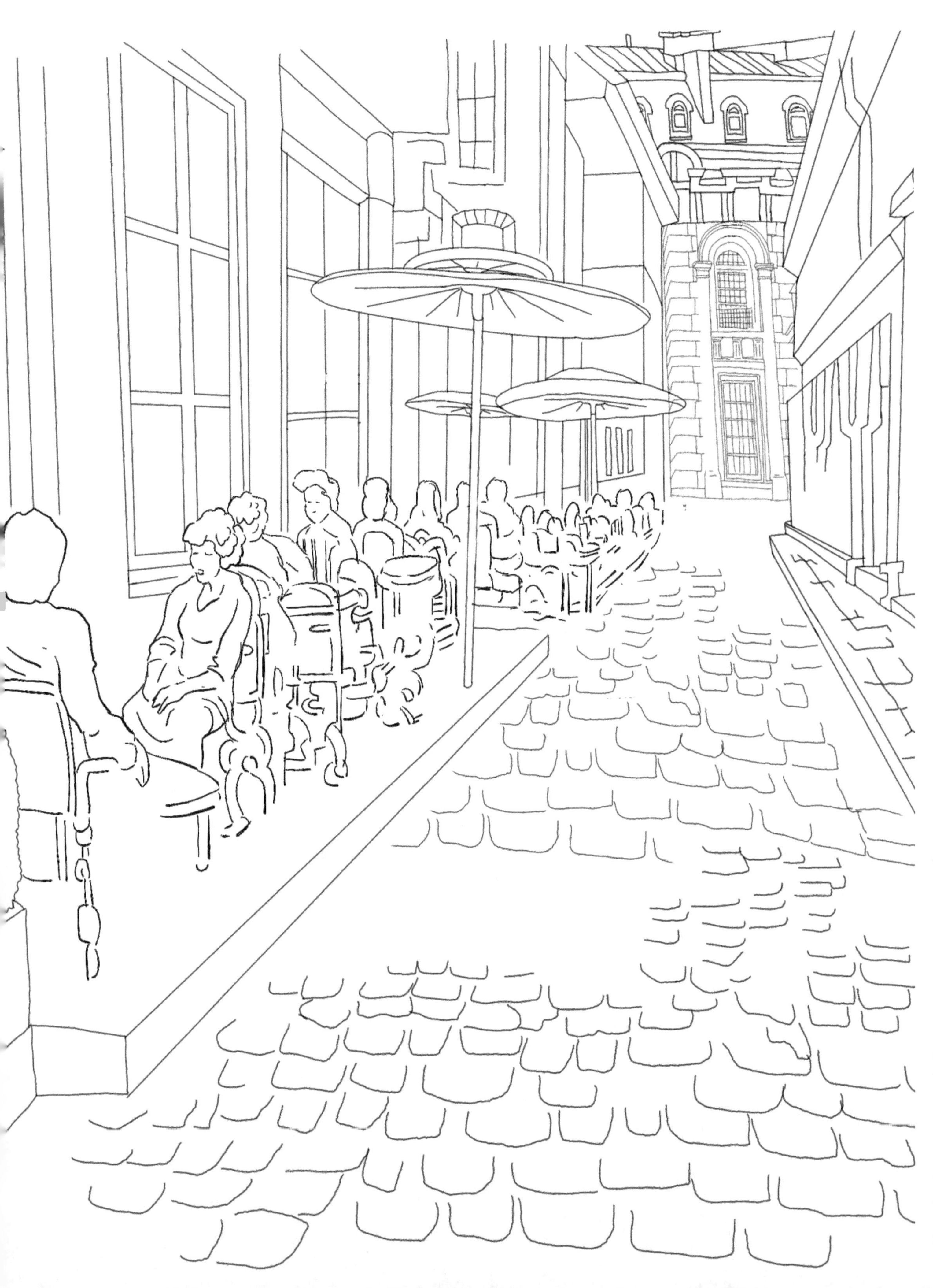

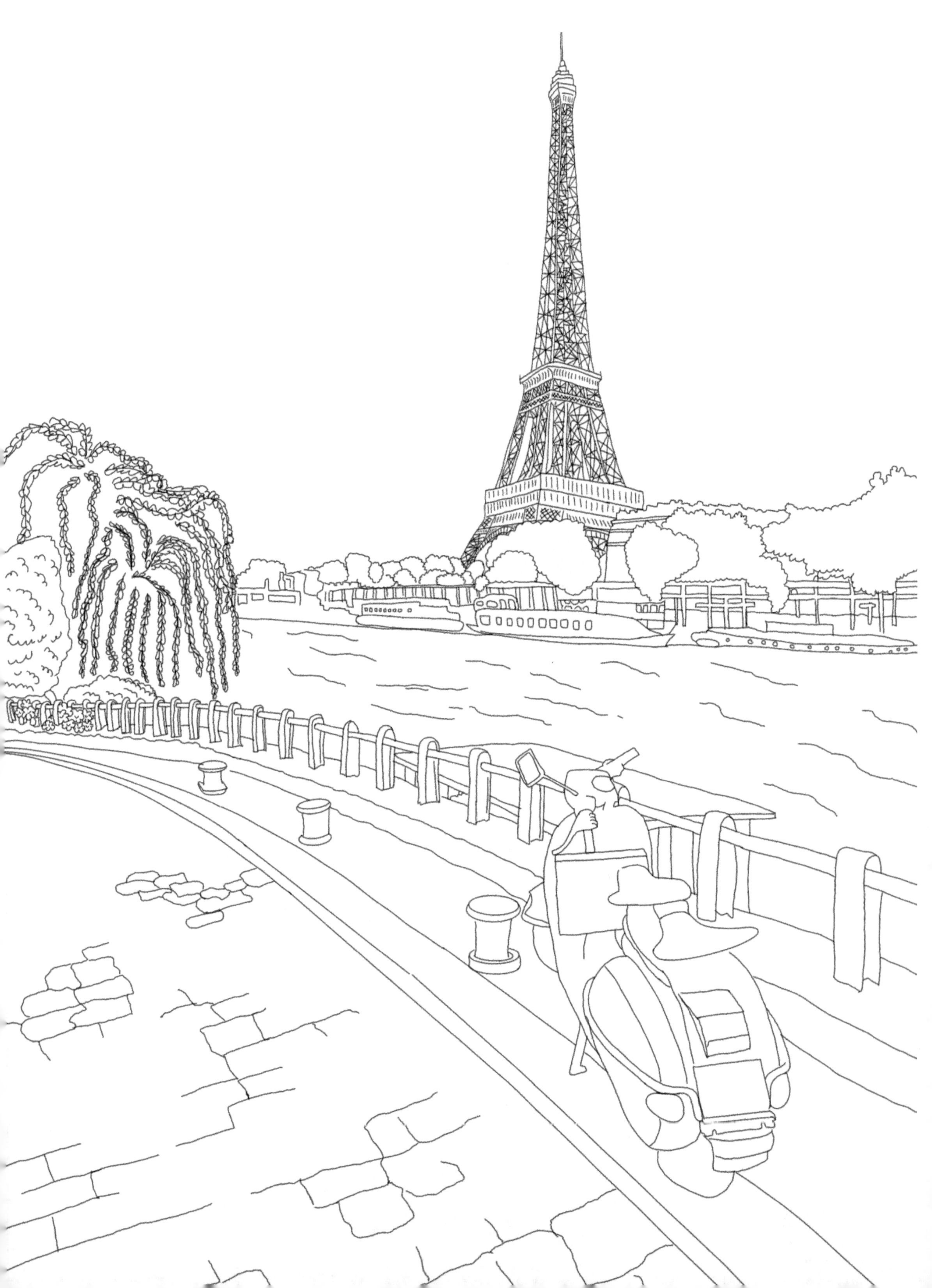

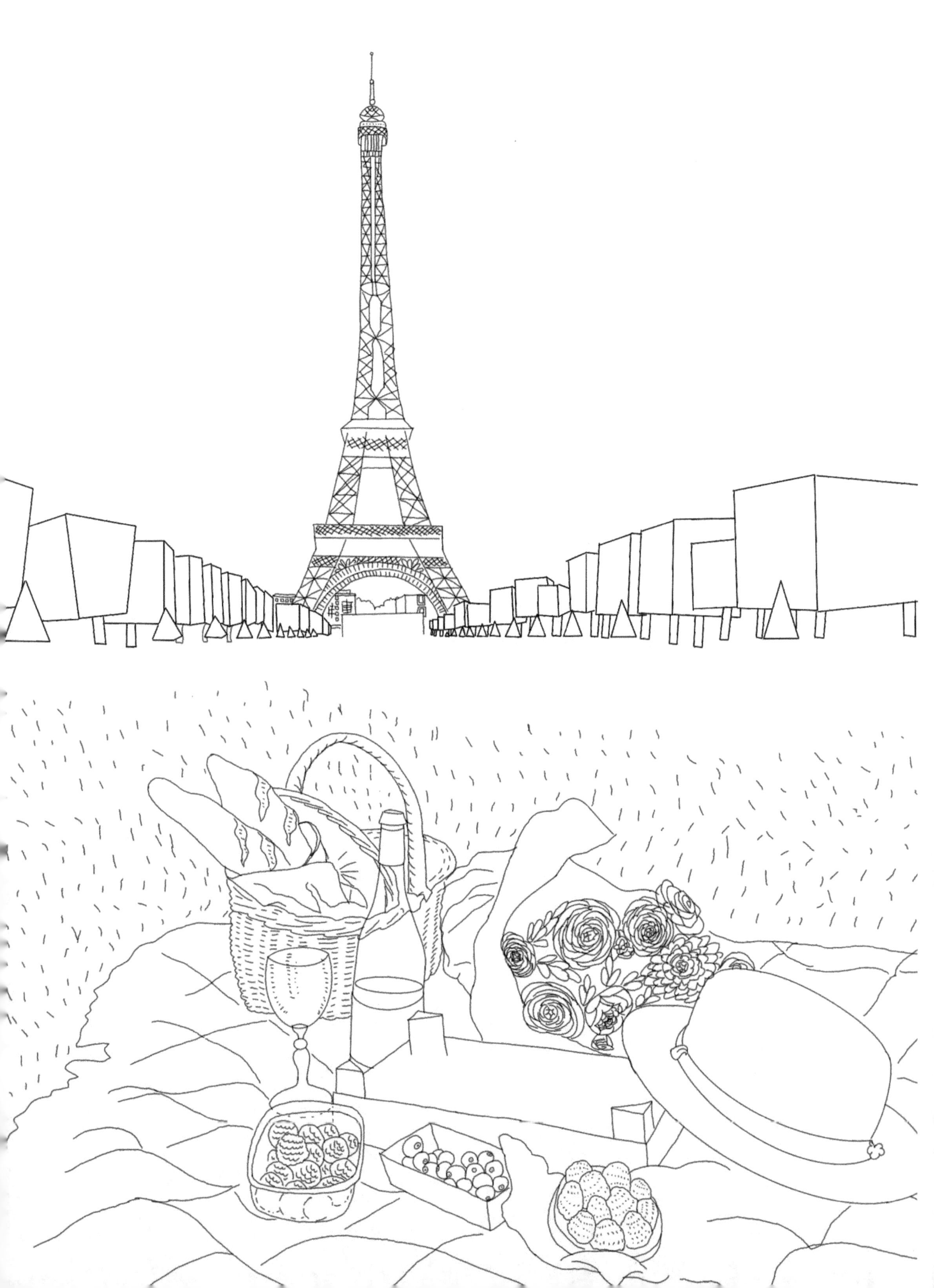